Nicht sterben, sondern leben!

Ingeborg Fähndrich

Manfred Fähndrich

Nicht sterben, sondern leben!

Ein Lebensreisebericht

© 2015 Ingeborg und Manfred Fähndrich

Umschlaggestaltung, Illustration: Fähndrich – Haaß

Lektorat, Korrektorat: Dr. Claudia Haaß,

Michael Haaß M.A.

Verlag: tredition GmbH, Hamburg

ISBN   Taschenbuch: 978-3-7345-3992-3
ISBN   Hardcover: 978-3-7345-3993-0

Zu den Autoren

Manfred Fähndrich, Jahrgang 1933, und seine Frau Ingeborg, Jahrgang 1936, heirateten 1959 und bekamen zwei Kinder. Manfred war u.a. bei der Schutzpolizei in Düsseldorf tätig. Er ist Träger des Verdienstkreuzes am Bande des Verdienstordens der Bundesrepublik Deutschland. Ingeborg war nach vielen anderen Berufen Fachlehrerin und evangelische Religionslehrerin an einer Sonderschule für Geistigbehinderte, ebenfalls in Düsseldorf.

Nach großen Problemen als Kinobesitzer und dem Tod ihres nur sechs Wochen alten, schwerbehinderten Sohnes Markus wandten sie sich von GOTT und der evangelischen Kirche ab und begaben sich auf geistige Irrwege.

Im folgenden berichten sie, wie JESUS CHRISTUS ihnen nachgegangen ist.

Dank

all denjenigen, die uns mit Rat, Tat und Gebet

auf unserem

Lebensweg begleiteten.

Wir kamen aus der Finsternis -

ins Licht,

aus der Angst -

in die Geborgenheit,

aus der weltlichen Armut -

in den GÖTTLICHEN Reichtum,

aus der Erschöpfung -

in SEINE Erquickung!

In Gelsenkirchen begann 1959 der gemeinsame Lebensweg von uns, Ingeborg und Manfred. Dort hatten wir ein Kino übernommen. Das aufkommende Fernsehen ließ das Interesse am Kino derart sinken, daß wir dieses, wie später auch noch ein weiteres in Düsseldorf, schließen mußten. Die Zehnjahresverträge sollten und mußten erfüllt werden – die finanzielle Katastrophe war vorprogrammiert!!

Wir standen vor der Alternative: Entweder leistet Manfred als Kaufmann den Offenbarungseid, oder wir arbeiten Tag und Nacht, um die Schulden in kleinsten Raten den Gläubigern zurückzuzahlen. Wir entschlossen uns für letzteres.

Nur unser Herr JESUS kann uns diese Entscheidung ins Herz gelegt haben. ER wollte, daß

Manfred zehn Jahre später zur Polizei gehen konnte – er wäre aber nie genommen worden, hätte er den Offenbarungseid geleistet!

Oft lag Manfred nachts wach, weil ihm immer klarer wurde, daß wir unsere Schulden von unseren Einkommen nie bezahlen könnten, es reichte nur so eben für die Zinszahlungen. Trotz allem freuten wir uns über unsere Tochter Claudia, die 1968 geboren wurde. Aber auch 1974 sollte ein besonderes Jahr werden: Unser Sohn Markus wurde geboren – – sooo schwer behindert, daß er einige Wochen später starb. GOTT, den wir vorher nie um SEINEN Willen für unser Leben gefragt hatten, machten wir jetzt für den Tod unseres Kindes verantwortlich und verbannten IHN aus unserem Leben, zusammen mit der ganzen evangelischen Kirche, deren Mitarbeiter uns keine Hilfestellung gaben.

Zu unserer großen Freude lernten wir viel später ein koreanisches Geschwisterpaar kennen aus unserer koreanischen Gemeinde, die uns eines Tages fragten, ob wir nicht ihre geistigen Eltern sein wollten! Nachdem wir diese Frage im Gebet vor den HERRN gebracht hatten, sagten wir ihnen zu und sind seitdem wie wirkliche Eltern mit den beiden herzlich verbunden.

Mit Ingeborg ging es nun aufgrund des Todes von Markus immer mehr bergab. Sie beschäftigte sich mit all' den Dingen, die GOTT ein Gräuel sind. Sie befaßte sich immer intensiver mit Horoskopen, mit Zauberei, Wahrsagerei und Glücksspielen! Aber in 5. Mose 18;10 steht geschrieben, daß dieses alles GOTT ein Gräuel ist!

Es kam der Moment, wo Ingeborg nicht mehr leben wollte. An einem Tag im Februar 1981 überlegte sie, wie sie ihrem Leben am schnellsten ein Ende setzen könnte. Manfred war im Dienst, Claudia schlief. Es war gegen 20 Uhr - schnell sollte es gehen – da klingelte es. Eine Bekannte kam, sagte nur: „Hier ist etwas nicht in Ordnung, ich ziehe meinen Mantel aus und warte, bis Manfred nach Hause kommt!"

So eine Katastrophe!! Der Plan ging kaputt.
Und hier beginnt die große Wende in Ingeborgs,
und später auch in Manfreds, Leben!

Diese Bekannte riet Ingeborg, zu einem guten Heilpraktiker zu gehen - - dabei hatte sie schon sooo viele Mediziner konsultiert - - keiner konnte ihr Markus zurückgeben! Aber diese Bekannte schaffte es, daß sie zu ihm ging! Und was sagte er zu Ingeborg nach ihrer Berichterstattung?

„Gehen Sie 3x am Tag auf die Knie und beten Sie! Ich gebe Ihnen ein paar Bibelstellen mit und nächste Woche sehe ich Sie wieder!"

Komisch, er und seine Frau, die auch Heilpraktikerin ist, gaben ihr etwas, das sie jahrelang nicht gespürt hatte! Beide sind praktizierende Christen. Ingeborg zog mit einem solchen inneren Frieden aus der Praxis, so daß sie Manfred auf der Wache sofort anrufen mußte und es ihm erzählte. Obwohl er nichts von ihren Plänen wußte, sagte er: „Probiere es doch mal mit Beten, davon ist noch keiner gestorben." Hoppla – das war heftig!!

Eines Tages wurde sie von diesem Heilprakti-
ker-Ehepaar zu einer Veranstaltung der *Geschäftsleute des vollen Evangeliums* (heute:
Christen im Beruf) eingeladen.

Wer waren diese Leute denn nun wieder? Im
Jahr 1951 gründete Demos Shakarian in den
USA die Vereinigung *„Full Gospel Business Men's
Fellowship international" (FGBMFI)*. Seine Vision
wird inzwischen weltweit in verschiedenen Ver-
einigungen umgesetzt. Ziel, der in Restaurants
stattfindenden Vortragsveranstaltungen, ist es,
Menschen zu zeigen, was lebendiger Glaube an
JESUS CHRISTUS auch heute noch im persönli-
chen Leben, im familiären und beruflichen Alltag
Lebensqualität und Hoffnung bewirkt. Mehr
Informationen sind im Internet unter www.
christen-im-beruf.de zu finden.

Und so erlebte sie dann also die erste Veranstaltung dieser Art. Sie war total begeistert! Ingeborg vertraute GOTT ihr Leben an und auch den Verlust des Kindes. Viele liebe Menschen aus der örtlichen Gruppe von Düsseldorf führten sie in die Bibel ein, die uns heute zur „Gebrauchsanweisung für den Alltag" geworden ist!

Aus den Tränen - in GOTTES Freude,

aus der Verzweiflung – in die Zuversicht,

aus der Gebundenheit - in die Freiheit.

Im Laufe der folgenden drei Jahre studierte sie die Bibel, leider alleine, da Manfred nichts von JESUS wissen wollte, obwohl er ihre Veränderungen beobachtete!!

Bis zu diesem Zeitpunkt war er auf dem Tief-
punkt, was unsere Finanzen anging, angekom-
men. Er wußte nicht mehr ein noch aus. Angst
und Hoffnungslosigkeit schlichen in ihn hinein.
Sorgenvoll und zerknirscht wachte er am Morgen auf. Wem sollte er sich anvertrauen? Von
wem könnte er Hilfe erfahren? Er fühlte, wie die
Angst ihn auffressen wollte! Ingeborg betete un-
unterbrochen für ihn.

Bei ihr am Bett hing ein Spruch, der ihm
plötzlich ganz groß wurde:

Die Herrlichkeit GOTTES wird jenen

aufleuchten,

die angesichts größter Not und Ausweglosig-
keit Jesu Glauben schenken,

in der Gewißheit, daß ER größer ist als jede
Not!

Endlich, auf einer Veranstaltung der *Geschäftsleute des vollen Evangeliums* im Oktober 1984 war es dann soweit. Auch Manfred sagte zum HERRN: „Komm DU in mein Leben, ich will DIR alles übergeben!"

Wir gingen gemeinsam zur Seelsorge, legten unsere Vergangenheit dem HERRN auf Seinen Altar. Wir ließen es zu, daß der HEILIGEN GEIST uns zeigen konnte, wo noch Schuld und Sünde in uns war, und wir konnten unseren HERRN um Vergebung bitten. Glücksschweinchen und Lottospielen gab es nicht mehr. Wir gaben auch Markus noch einmal – dieses Mal richtig – an die richtige Adresse ab: JESUS! Uns wurde klar, daß Markus praktisch der „Quartiermacher" für uns im Himmel ist! Durch seinen Tod fanden wir zu GOTT. SEINE unbeschreibliche Liebe, Güte und Barmherzigkeit heilte den Verlust unseres Kindes. Ingeborg ließ sich in GOTTES Gemeinschaft von IHM geistig umarmen.

Wir mußten aber auch beginnen, den HERRN als unseren Versorger einzusetzen, denn noch immer drückten uns die Schulden! Dazu gehörte auch, was in Maleachi 3;10 steht: „Bringt aber die Zehnten ganz in mein Kornhaus, auf daß in meinem Hause Speise sei, und prüft mich darin, spricht der HERR ZEBAOT." Uns wurde klar, daß Gehorsam GOTT gegenüber über allem steht, und wir gaben, obwohl kaum etwas da war! Ein dreiviertel Jahr lebten wir in dieser Situation, aßen meist nur Kartoffeln mit Quark - des Preises wegen - bis auf einmal eine liebe Freundin der Familie Manfred fragte, wie es denn so ginge! Er erklärte ihr die Schuldenberge aus den Kinopleiten und jetzt kommt ein Riesenerlebnis: Zwei Monate später hatte sie 100.000,- DM bezahlt. Dieses Geld wurde uns später von ihr geschenkt und obendrein hat sie noch die Schenkungssteuer beim Finanzamt bezahlt.

Unser HERR befreite uns durch sie von dieser großen Last! Ja, wir befolgen, was in 1. Petrus 5;7 steht: „Alle Eure Sorgen werft auf den HERRN, denn ER sorgt für Euch!"

Dabei müssen wir auf das Wort „werfen" achtgeben! Wir dürfen die Sorgen, gut unsichtbar an einer Nylonschnur angeknüpft, nicht täglich wieder zurückholen!!! So übten wir nun, unsere Sorgen neu auf den HERRN zu werfen, und dieses „Werfen" war oft eine große Anstrengung, denn der Feind wollte, daß wir die Sorgen weiterhin bei uns gut pflegten!

Und das übertrug sich auch auf die Arbeit von Manfred als Polizist. Sein Schreibtisch war oft überfüllt mit Arbeit – es war eine hohe Belastung. Doch bevor er tätig wurde, nahm er die Bibel aus dem Schreibtisch und betete! Auch auf den Straßen seines Bezirks betete er und sang im Stillen Lieder von GOTT. Fazit: Er konnte Gespräche mit Bürgern über unseren HERRN JESUS über „Hecken und Zäune" hinweg, wie es schon in der Bibel steht, führen und die Konsequenz daraus: Weniger Vorfälle, Manfred fand schneller Ansprechpartner und dadurch kam es zur zügigeren Erledigung von Vorgängen. Kollegen wurden aufmerksam und fragten ihn, was denn bei ihm los sei, daß er weitaus weniger

Vorgänge bekäme als sie. Seine Antwort war: „Betet und ihr werdet den Erfolg dann sehen!"

Im Worte GOTTES steht etwas über das Danken. So zum Beispiel in Epheser 5;20: „Saget Dank für alles allezeit!". Der Herr freut sich über das Dankesagen so, wie sich auf Erden Eltern über das Danken ihrer Kinder freuen. Und so bat Manfred nicht nur für das gute Gelingen, sondern dankte auch für die helfende Begleitung.

Im Laufe der Jahre erhielten wir vom HERRN durch SEIN Wort und über Geschwister viele Verheißungen, so z.B. „daß wir viele, viele Fische ins Netz des HERRN" bringen würden.

Ein Missionar sprach in der Vereinigung in Düsseldorf. Während er erzählte, sprach der

HEILIGE GEIST in unsere Herzen: „Hört zu, geht an Hecken und Zäune und verteilt Traktate und Bibeln." Mit allen Prophetien halten wir es so, daß wir sie aufschreiben , uns täglich vor Augen halten, laut aussprechen und uns verinnerlichen. Wir strecken uns danach aus und begehren sie, wodurch die Verheißungen Realität werden.

Dann hatten wir im Herzen, uns ein Wohnmobil zu wünschen. Wir suchten in der Bibel (unserer Gebrauchsanleitung für den Alltag) nach, wie sich so ein Wunsch realisieren könnte. Und siehe da – in Habakuk 2;2 wurden wir fündig: „Schreibe auf und male es auf einer Tafel auf, daß es lesen könne, wer vorübergeht!" Weiter heißt es: „Die Weissagung wird erfüllt werden zu seiner Zeit und wird endlich frei an den Tag kommen!" Gelesen – getan – wir malten alles auf eine große

Pappe und hingen sie an unsere Wohnzimmertüre! Viele, die zu uns kamen, staunten – lachten und meinten, welche verrückte Idee! Dann wurden sie nachdenklich, besprachen sich mit anderen, am Schluß kam ein wunderschönes Wohnmobil heraus, was nun die Voraussetzung dafür war, weite Strecken fahren zu können! Halleluja! Alle Aktionen, die dann folgten, bis zum heutigen Tag, wurden vom HERRN finanziert. ER motiviert Menschen, uns zu helfen, damit SEIN Reich gebaut werden kann.

In der Folgezeit verteilten wir am Wochenende an Autobahnraststätten Traktate in verschiedenen Sprachen und Bibeln. Der HERR hatte uns durch Seinen HEILIGEN GEIST ein Traktat diktiert, was im folgenden zu lesen ist. Wir haben es inzwischen in 18 Sprachen übersetzen lassen und verteilen weiter. Vor allem freuen sich die LKW-Fahrer am Wochenende, wenn sie Standzeit haben, daß sie eine Bibel in ihrer Muttersprache erhalten.

ER gab uns klare Weisung, mit Überraschungseffekten beim Verteilen zu arbeiten. Wir legten die Traktate in Telefonbücher in Telefonzellen, Speisekarten, in Einkaufswagen im Supermarkt, Zigarettenautomaten. Auch sterbende Staatsleute, wie z.B. Manfred Wörner oder Raissa Gorbatschowa erhielten Traktate in ihrer Landessprache. In 14 Ländern konnten wir die Traktate mit Hilfe des Wohnmobils selber verteilen!

Eines Tages wollten wir im Winter auf die Insel Sylt fahren - mit dem Zug - bekamen aber kein grünes Licht - warum wohl bloß? GOTT schickte uns mit dem Wagen los. Dabei kamen wir an die Autobahnraststätte Münster-Süd, gingen zur Toilette und legten dem Toilettenmann ein deutsches Traktat hin, worauf er nur sagte: „Ich – Spanier"! Was konnte uns das schon ausmachen? Ab zum Auto, ein spanisches Traktat geholt - oh, welch' eine Freude war bei ihm!

Unser Traktat

Die glücklichsten Menschen auf Erden

Die glücklichsten Menschen auf Erden sind die, die JESUS CHRISTUS kennen und lieben. Der Mathematiker und Theologe Blaise Pascal sagte einmal:

„ Es gibt 3 Arten von Menschen:

- Die GOTT dienen, weil sie IHN gefunden haben. Dies sind die glücklichsten Menschen auf Erden.

- Die GOTT noch nicht gefunden haben, aber bemüht sind, IHN zu finden. Diese sind vernünftig, aber noch nicht glücklich.

- Die leben, ohne GOTT zu suchen und ohne IHN gefunden zu haben. Die sind unglücklich."

Warum sind nun „die" Menschen die **glücklichsten**, die GOTT gefunden haben? Sie durchleben ihren oft mit Streß und Hetze vollgepackten Alltag mit GOTT, der ihnen in SEINEM Wort - der Bibel - Freude zugesagt hat.

Es gibt viele Bibelstellen über die Freude. In Philipper – Kapitel 4, Vers 4 – steht geschrieben: „Freut euch immerzu, weil ihr mit dem HERRN verbunden seid. Ich sage es noch einmal: Freut euch".

Wie können Sie nun GOTT finden?

In der Bibel, in Johannes Kapitel 14, Vers 6 sagte JESUS: „ICH bin der Weg, die Wahrheit und das Leben; niemand kommt zum Vater, denn durch MICH." Und weiter heißt es in der Bibel, Römer 10;13: „Jeder, der den Namen des HERRN

JESUS anruft, wird errettet werden" - - -
wodurch Sie ein glücklicher Mensch werden!

JESUS zwingt niemandem SEINEN Weg auf.
ER wartet, bis Sie die Tür Ihres Herzen aufgrund
einer freiwilligen Entscheidung öffnen und IHN
einladen, einzutreten und Ihr persönlicher Retter zu sein. Frieden und Freude zieht in Ihr Herz
ein und Sie leben in Gewißheit, in Ewigkeit zu leben!

Wie sieht es nun praktisch aus – was muß getan werden, um gerettet zu sein? Sie müssen
GOTT Ihre Bereitwilligkeit zur Versöhnung mit
IHM erklären. Dazu müssen Sie im Herzen wissen, daß Sie ohne den Entschluß, eine Entscheidung f ü r JESUS zu treffen, sich gegen GOTT ge-
stellt haben.

Für diese Erklärung können Sie eigene Worte, besser doch nachstehendes Gebet benutzen. Sagen Sie mit hörbarer Stimme:

„Lieber HERR JESUS CHRISTUS, vergib mir jede Sünde in meinem Leben! Ich glaube jetzt, daß DU für mich gestorben bist (Bibelstelle Johannes 3;16) und ich danke DIR für die Vergebung meiner Sünden (Bibelstelle 1. Johannes 1;9). Ich bitte DICH, komme in diesem Augenblick in mein Leben und sei mein persönlicher Retter und HERR (Bibelstelle Römer 10;9-11). Übernimm DU mein Leben und hilf mir, DIR zu folgen. Mache mich zu dem Menschen wie DU ihn haben willst. Ich danke DIR, HERR JESUS, daß ich nun zu den **glücklichsten Menschen auf Erden** gehören darf."

Wenn Sie JESUS ernstlich gebeten haben, Ihr Leben zu übernehmen, dann hat ER es jetzt getan. Das Wort GOTTES bestätigt uns, daß ER ausnahmslos die errettet, die IHN darum bitten. In der Bibel in 1. Johannes 5; 11-13 steht geschrieben:

„GOTT hat uns ewiges Leben gegeben. Wer den Sohn hat, der hat auch das Leben. Wer den Sohn nicht hat, der hat auch das Leben nicht. Dies habe ich Euch, die Ihr an den Namen des Sohnes GOTTES glaubt, geschrieben, damit Ihr wißt, daß Ihr ewiges Leben habt."

Wir freuen uns mit Ihnen, daß Sie nun zu den glücklichsten Menschen auf Erden gehören.

Oft fragten wir uns, ob wir bezüglich der Traktate richtig handeln. Durch eine Missionarin aus Südafrika ließ ER uns sagen, daß ER all unsere Aktivitäten lenkt, ER Türen öffnet und Mitarbeiter zur Seite für uns hat, egal auf welche Weise. Der eine als stiller Beter, der andere, der durch finanzielle Opfer unsere Aktivitäten unterstützt, weil wir dann an der „Front" stehend wissen, daß die Gebete unserer Freunde wie geballte Ladung beim HERRN ankommen, und der HERR durch SEINEN HEILIGEN GEIST Kraft, Einsicht und Weisheit schenkt. Außerdem sagte ER uns durch die Freundin, alle „Steckbriefe", so nennt ER unsere Traktate, seien von IHM gesegnet. Welch´ eine Ruhe für unsere Seele. Ja, ja, „Schaut nicht auf die Menschen, schaut auf MICH", sagt der HERR immer wieder, alleine von IHM kommt die Herrlichkeit!

Der Christ ist ein Tröster, der, bevor er trösten kann, selber Trost empfangen haben muß. So will Ingeborg berichten, wie sie Trost empfing:

Ende Januar 1988 eröffnete ein Arzt Ingeborg, daß ihre Knoten in der Schilddrüse eine sofortige Operation nötig machen und man davon ausgehen müßte, daß die Geschwulst bösartig sei. Diese Diagnose wurde ihr kurzfristig von drei weiteren Ärzten bestätigt.

In all' diesen Tagen brachte sie keine Tränen hervor, sondern empfand einen übernatürlichen Frieden. Eine unsagbare Dankbarkeit durchflutete sie. Immer wieder betete Ingeborg: „Danke HERR, daß ich DICH kennen darf –welch' ein hilfloser Mensch wäre ich jetzt ohne DICH!" Früher hätte sie auf eine solche Situation mit Verzweiflung reagiert, aber jetzt war sie ganz getröstet. Ingeborg wurde der Psalm 23 stark aufs Herz gelegt. Sie lernte ihn auswendig. Von da an waren diese Worte Tag und Nacht auf ihren Lippen.

Liebe Geschwister ringsumher beteten mit ihr und für sie. Nach Jakobus 5 ließ sie sich von den Ältesten unserer Gemeinde salben. Nie zuvor in ihrem Leben als Christin erlebte sie innerhalb einer Woche so viele wunderbare Gebetsgemeinschaften. Tag für Tag wurde sie ruhiger, obwohl der Arzt glaubte, ihr erzählen zu müssen, welch qualvollen Tod man gerade bei Schilddrüsenkrebs sterben würde. In Momenten, wo Ingeborg selbst nicht mehr in der Lage war, zu beten, fühlte sie sich ganz stark getragen von den Gebeten der Glaubensgeschwister, so daß sie selber über ihre innere Ruhe staunte und sich fragte: „Warum hast du keine Angst?"

Es kam nicht zu der von anderen vorausgesagten Panik. Sie klammerte sich an die vielen Bibelstellen (z.B. Psalm 118;5/ Psalm 1119;50/ Jeremia 15;16/ Matthäus 9;22), deren Trost sie als ganz stark empfand. Und wie herrlich ist die Zusage in Micha 7;8: „Wenn ich in der Finsternis sitze, ist der HERR mein Licht."

Eine schwere Prüfung ließ der HERR noch zu. Am Vorabend der Operation kam der Chirurg in Ingeborgs Zimmer und legte ihr ein Schriftstück hin, das sie unterschreiben sollte. Dazu meinte er, er müsse ihr nun in allen Einzelheiten erzählen, was er in der fünf- bis sechsstündigen Operation zu tun gedenke. Ingeborg schrie innerlich zum HERRN: „Nein, HERR, ich will es nicht wissen. Ich bin in DEINEN Händen. Laß es nicht zu, daß ich jetzt über die schrecklichen Einzelheiten informiert werden muß!" Aber der Arzt meinte, daß sie schließlich unterschreiben müsse, aufgeklärt worden zu sein. Sie klammerte sich an einen herrlichen, hellen Strahl, wie sie ihn auf Erden noch nie gesehen hatte. Nun sah sie ihn aber, während der Arzt berichtete. Als Ingeborg nun glaubte, diese Prozedur hinter sich zu haben, ging es erst richtig los: Der Operateur malte mit einem dicken schwarzen Filzstift Striche, die ihm am nächsten Tag zeigen sollten, wie er ihren Hals aufschneiden müsse. Da, aber wirklich erst da, entstand in ihrem Kopf eine Leere, die sie fast in die Bewußtlosigkeit fallen ließ.

Der Arzt verließ das Zimmer. Sie blieb alleine zurück, fiel auf die Knie und schrie in ihrer

Angst, die sie nun doch überfallen hatte, zu JE-
SUS! Und während sie zusammensackte und er-
schöpft still wurde, sagte sie mit letzter Kraft:
„Ja, HERR, DEIN Wille geschehe. Aber ich weiß,
daß ich durch DEINE Wunden geheilt bin."

Da schob sich ihr von der Bettkante aus ein
Arm entgegen. Sie sah eine tiefe hohle Hand und
mit ihrer ganzen Körperlänge (1,68m) wurde sie
in diese Hand gelegt, als wäre sie ein kleiner Vo-
gel in der Vertiefung eines Nestes. Da lag Ingeborg in der Hand GOTTES und fühlte eine Wär-
me, eine Entspannung, eine Freude, eine Geborgenheit, wie sie mit Worten nicht geschildert
werden kann. Ingeborg stieg in ihr Bett, wischte
sich die Tränen ab, rief „Halleluja" und schlief
ein.

Am nächsten Morgen konnte sie der Narkose-ärztin sagen, daß sie sich tief geborgen wüßte und keine Angst hätte. Das wunderte diese sehr. Ingeborg aber wußte sich in der Hand ihres HERRN – was konnte ihr da noch widerfahren?

Die Operation dauerte statt fünf bis sechs Stunden nur 90 Minuten und die Geschwulst stellte sich als gutartig heraus. Preis dem HERRN!

Schon am zweiten Tag nach der Operation wurde Ingeborg vom HEILIGEN GEIST auf die Bibelstelle 2. Korinther 1; 3-4 hingewiesen, in der es heißt: „Gelobet sei GOTT, der Vater unseres HERRN JESUS CHRISTUS, der Vater der Barmherzigkeit und GOTT allen Trostes, der uns tröstet in aller unserer Trübsal, damit wir trösten können, die da sind in allerlei Trübsal mit dem Trost, mit dem wir selber getröstet werden von GOTT."

Sie fragte sich: „Ja, wen soll ich denn hier trösten, da ich doch an Schläuchen hänge und mich kaum bewegen kann?" Da fiel ihr Blick auf ihre Zimmernachbarin, eine 80jährige Frau, der sie in den nächsten Tagen des gemeinsamen Krankenhausaufenthaltes viel von dem einzig Tröstlichen auf dieser Welt, von JESUS CHRISTUS erzählen durfte. Sie war erst ablehnend, doch dann hielt sie nach Ingeborgs Entlassung noch den Kontakt zu ihr aufrecht, um noch weiteres von JESUS zu erfahren.

Der HERR gab ihr gleich noch eine alte Dame zum Trösten – die eigene 83jährige Mutter, die Ingeborgs Werdegang und Weg mit dem HERRN sehr distanziert beobachtet hatte. Sie glaubte, ohne JESUS zurechtzukommen. Aber durch das Zeugnis ihrer Tochter trat in ihrer Haltung eine Wandlung ein. Anschließend lag die Bibel, die 54 Jahre im Bücherschrank des Elternhauses geschlummert hatte, auf dem Tisch. Eine Bibel auf dem Tisch macht noch keinen Christen, aber bei unserem HERRN, dem „Meister des Unmöglichen" ist es möglich, daß die auf dem Tisch liegende Bibel auch aufgeschlagen, gelesen und verstanden wird – und für ein Leben mit JESUS ist es auch mit 83 Jahren noch nicht zu spät.

13 Tage nach der Operation lautete Ingeborgs Gebet: „HERR, ich danke dir, daß DU mir so viel Trost gegeben hast. Gib DU mir nun auch Begegnungen mit Menschen, die DU durch meinen Mund trösten möchtest, damit sich erfüllen möge, daß der Christ ein Tröster ist."

Weiterhin konnten wir mit Trost und praktischer Hilfe Menschen beistehen. Wir wurden gebeten, ein Taubstummen-Heim in Yaroslavl/ Russland mit russischer biblischer Literatur und Kleidung zu versorgen. Wir riefen alle unsere Helfer - nachdem wir inständig gebetet hatten - auf, mitzuhelfen.

Ergebnis: 4 Tonnen Kleidung und unendlich viel christliche Literatur gingen nach dort.

Ca. 500 Kinder kamen aus Tschernobyl nach Düsseldorf. Sie wurden ärztlich versorgt und neu eingekleidet. Jedes Kind bekam eine russische Kinderbibel von uns, die es mit nach Hause nehmen konnte. Auch die russischen Betreuer erhielten eine Erwachsenen-Bibel in ihrer Muttersprache. Ein Betreuer kam zu uns und beschwerte sich, keine Bibel erhalten zu haben, ja, er weinte und konnte nicht begreifen, keine erhalten zu haben! Wir riefen sofort in einem Bibelverlag in Stuttgart an, der uns in einem Schnell-Paket eine Bibel sandte - und wiederum weinte dieser Betreuer, dieses Mal vor Freude!

Auch uns ging dieses alles sehr nahe! Später erfuhren wir, daß dieser Betreuer ein Universitätsprofessor war und so wurde GOTTES Wort auch in diesen Arbeitskreis gestreut! Immer wieder Dank all den Helfern, die auch sehr, sehr schnell handelten!

Nachdem die Einheit Deutschlands wiederhergestellt war, durften wir 800 Kinderbibeln einem Kinderheim in Garz, auf der Insel Rügen, schenken. Dort wußte die Leitung eines christlichen Heimes noch nicht, was „christlich" hieß! Sie luden uns ein, ihnen und den Kindern von GOTT zu erzählen. Sehr wichtig war für uns, daß diese Kinder ihre Bibel mit nach Hause nehmen durften. So wurde JESUS in vielen ostdeutschen Haushaltungen wieder real.

Alle unsere Aktionen wurden von JESUS finanziert, ER motivierte immer wieder Menschen, damit SEIN Reich gebaut werden kann!

Im Laufe der Jahre erhielten wir viele Aufträge vom HERRN, von einigen soll hier im weiteren erzählt werden:

So, wie die Liebe zu unserem HERRN JESUS immer mehr wuchs, so entwickelte sich auch eine ganz tiefe Beziehung zu SEINEM Land Israel, dem Land der Bibel, und zu SEINEN Menschen! Auf einer Konferenz in Bayern wurden wir spontan von einer Schwester im HERRN nach Israel eingeladen. Dort liehen wir uns einen Wagen und fuhren quer durchs Land. Die Tour von Tel Aviv nach Jerusalem – 800m Höhenunterschied auf einer Strecke von 70km – war eine besondere. In der Bibel steht geschrieben: „... und JESUS ging mit seinen Jüngern h i n a u f nach Jerusalem!" (Matthäus 20;18)

Unsere Tochter, die uns auf dieser Reise begleiten konnte, sagte wenig später, wenn das stimmt, und das habe ich jetzt gesehen, dann stimmt alles andere in der Bibel auch - „ich sage JA zu JESUS!" Das war ihre Lebensübergabe – knapp und zackig!!

Aber auch viele andere Dinge durften wir in Israel wahrnehmen. Es bleibt eine unvergessliche Reise. Einen Auftrag haben wir von dort mitgebracht. Folgendes sagte der HERR zu uns: „Sagt meinen Kindern, daß sie alle für das Volk und das Land mehr beten sollen." Er sagte weiter: „ICH weiß, daß MEIN Volk viele Fehler macht. ICH weiß, daß nicht alles richtig ist, was dort geschieht – aber ICH will, daß sie in die Fürbitte für MEIN Volk eintreten!" Er gab noch ein Beispiel zur Verdeutlichung an: Wenn Eltern Kinder haben, die in den Flegeljahren stecken oder sogar ins Kriminelle abrutschen, dann freuen sie sich auch, wenn andere über ihre Kinder sagen, daß sie dieses oder jenes gut gemacht hätten! Und so ist es auch beim HERRN. Wenn wir sagen, welche tollen Leistungen Menschen SEINES Volkes Israel erbracht haben, z.B. im medizinischen oder technologischen Bereich, dann freut sich unser HERR auch!

Aus dieser Liebe zu Israel resultierte für uns ein neuer Auftrag, den uns der HERR gab: „Fahrt die finnisch-russische Grenze betend ab!" In der Vorbereitung für diese Reise erfuhren wir, daß GOTT vor vielen Jahren Menschen Verheißungen gegeben hatte, wonach russische Juden via Finnland nach Israel reisen würden. Diese Verheißungen, die sich noch nicht erfüllt hatten, wollte der HERR durch unsere Gebete lebendig halten.

Wir beteten entlang der 1300 km langen Grenze. Wo unsere Stimme versagte, ließen wir ein Tonband laufen, das wir vorher Zuhause besprochen hatten. Entlang der finnisch-russischen Grenze und auf acht Flughäfen feierten wir Abendmahl und segneten das Land. Immer wieder erinnerten wir JESUS an SEINE Verheißungen und baten IHN um Erfüllung für offene Grenzen, und daß die finnische Bevölkerung den russischen Juden auf geistigen und materiellen Gebieten helfen möge, um weiter nach Israel zu kommen.

Über die Beschäftigung mit dem Thema Israel fiel uns beim Lesen im Alten Testament auf, wie viel über das leibliche Wohl berichtet ist. Das führte zu folgendem „Rezeptbüchlein":

Gottes gesunde Gaumenfreuden

Die Hälfte der Menschheit ist durch chronische Krankheiten und Allergien nicht voll belastbar. Das Gesundheitssystem ist marode. Wie geht es uns Gotteskindern dabei? Sind wir schon von weitem daran zu erkennen, daß wir vor Gesundheit strotzen?

Wie heißt es in 3. Johannes 1;2: „Mein Lieber, ich wünsche, daß es dir in allen Stücken wohl gehe ..."

Wir überprüften daraufhin wieder einmal unser Leben, beschäftigten uns mehr mit dem Worte GOTTES, u.a. in Bezug auf körperliche Heilung durch Nahrungsmittel aus dem Alten Testament. In unserer „stillen Zeit", heute nennen wir diese Stunde unsere „Energie-Zeit", baten wir den HEILIGEN GEIST, uns mehr zu offenbaren. Freunde machten uns auf das Buch „Gesund mit der Bibel" von Reginald Cherry aufmerksam – es ist eine spannende Lektüre.

Als erstes stellte Ingeborg ihren gesamten Speiseplan mit Nahrungsmitteln aus dem Alten Testament zusammen. Manfred ißt oft mit davon, aber nicht ausschließlich. Unterwegs und bei Einladungen wird gegessen, was auf den Tisch kommt – dann ist es auch herrlich, sich mal um nichts kümmern zu müssen!

Neben bestimmten Nahrungsmitteln, vor denen wir uns hüten sollen (3. Mose 11;7/ 5. Mose 14;8 etc.), nennt die Bibel aber ausdrücklich eine Reihe von Lebensmitteln, auf denen unsere Ernährung basieren sollte. Gute Hinweise dazu findet man in der „Mittelmeer-Diät" und auch in dem Buch „Gesund mit der Bibel".

Aus den Erkenntnissen, die wir aus dem Alten Testament zogen, setzte Ingeborg ihren Ernährungsplan in seinen Grundlagen fest.

Vor dem Frühstück nehmen wir beide nüchtern jeder einen Eßlöffel reines Olivenöl ein (Olio extra vergine di olivia, Güteklasse 7).

Zum Frühstück gibt es: 1 Feige, 2 Datteln, 1 Apfel, einige Mandeln, Rosinen, 2 Eßlöffel Hirse, evtl. einen Becher Ziegenjoghurt.

Vormittags und nachmittags ißt Ingeborg Obst und Gemüse, sehr gerne einen Granatapfel.

Zum Mittagessen, das bei uns nicht die Hauptmahlzeit ist, gibt es Brot. Am besten wäre dann ein selbstgebackenes Brot nach Hesekiel 4;9. Ingeborg versuchte schon mehrfach, es selber zu backen. Das Ergebnis war, daß aus dem Backofen nur ein „matschiges" Brot kam. Auf ganz normales Brot gibt es ein wenig Olivenöl, Kürbis, Melone (je nach Jahreszeit), Zwiebeln, Tomaten, vielleicht ein Salat.

Zum Abendessen Brot, Schafs- oder Ziegenkäse, Gemüse, Joghurt, hin und wieder Lammfleisch, Fisch mit Reis, manchmal Getreideflocken, Nudeln aus Vollkorn.

Nun soll erzählt werden, warum uns diese Nahrungsmittel aus dem Alten Testament so faszinieren. Das hängt vor allem damit zusammen, daß wir fühlen, wie positiv der Körper darauf reagiert hat.

Fangen wir mit dem Olivenöl an:

Die Bibel ist voll von Erwähnungen des Olivenbaums. Bei diesem Thema denken wir auch an das Salben mit Öl (2. Mose 29;7/ Jakobus 5;14) und verweisen auf den Artikel „Gott heilt auch durch Öl" von Siegfried Müller in „Der Weg zur Freude", Nr. 9/2000, Karlsruhe. Durch das regelmäßige Schlucken von Olivenöl erlebte Ingeborg, nachgewiesen durch einen Bluttest im Labor, daß ihr sich Cholesterinspiegel von deutlich überhöht auf einen Mittelwert im Toleranzbereich reduzierte.

Für uns ist der Eßlöffel Olivenöl vor dem Frühstück wie ein Geschenk unseres himmlischen Vaters. Anfangs träufelten wir ein 1-2 Tropfen Zitrone darauf, inzwischen schmeckt uns das Öl auch so sehr gut. Ob wir unterwegs oder zuhause sind – das Öl fehlt nie! Unsere Tochter Claudia hat in einem Supermarkt ein kleines Originalfläschen dieser Olivenölsorte ausfindig gemacht. Bei einer Größe von nur 15 cm paßt es ganz bequem in jede Handtasche – wir sind begeistert.

Dank der vielen ungesättigten Fettsäuren kann das Öl vor Krankheiten schützen, aber auch einen schon angeschlagenen Körper heilen. Innerlich eingenommen hilft es vorbeugend vor Osteoporose, bei Sodbrennen, Gastritis und Blähungen. Es hilft bei Nervenschmerzen, fördert die Gedächtnisleistung, verzögert die Blutgerinnung und beugt so auch Thrombose vor.

Äußerlich hat Ingeborg es schon oft gegen allergischen Juckreiz mit großem Erfolg angewendet. Als sie sich all der guten Inhaltsstoffe des Olivenöls bewußt wurde, dachte sie bei sich, warum sie noch Hautcreme ins Gesicht tun solle? Die letzte Hautcreme war mit 14 Konservierungsstoffen „gefüttert"! Jetzt reibt sie sich ihr Gesicht seit vielen Jahren nur noch mit Olivenöl ein. Es wurde auf diese Weise nicht nur viel Geld für Kosmetik eingespart, sondern gleichzeitig ein hervorragendes Mittel gegen Falten gefunden und eine gute Grundlage für das Make-up! Es gibt bekannterweise auch Hautpflegemittel aus der Apotheke mit Olivenöl, aber eben auch mit Zusatzstoffen!!

Als Ingeborgs Nase einmal durch eine Erkältung verstopft war, fragte sie sich, wo denn nur ihr Olivenölfläschchen sei, das sie immer bei sich hat. Per Wattestäbchen wurden die Nasenlöcher mit Olivenöl innen eingerieben. Kurz darauf konnte sie wieder frei atmen.

Es gibt auch Olivenblättertee und -extrakt zu kaufen, welcher sich besonders zur Behandlung akuter und chronischer Infektionen, insbesondere mit Viren, Pilzen und Parasiten eignet.

Was gibt es nun zur Feige (5. Mose 8;8) zu berichten?

Der Feigenbaum ist etwas ganz besonderes. In vielen biblischen Vergleichen wird die Feige mit dem Volk Israel identifiziert. Im Herbst gibt es bei uns frische Feigen zu kaufen, in der übrigen Zeit muß man sich mit getrockneten Feigen behelfen.

Die Feige enthält sehr viel Kalzium, sie ist reich an Mineralstoffen und Spurenelementen. Wenn wir auf Reisen sind, haben wir immer Feigen bei uns. Sie ersetzen ganze Mahlzeiten. Sie liefern Fruchtzucker für das Gehirn und für die Konzentration, beschäftigen den Magen, ohne zu belasten und helfen, Leistungstiefs zu überbrücken.

Die Feige wird auch bei Gastritis, Hals- und Zahnfleischentzündungen, Keuchhusten, Hautleiden, Geschwüren und Ohrenschmerzen angewendet. Vielen Menschen könnten die Feigen bei Ohrensausen helfen. Hierfür bereitet man aus zerkleinerten Feigen einen Brei mit Senfsamen zu und legt ihn auf die Ohren.

Als Manfred erstmalig Schwierigkeiten mit seiner Prostata bekam, beteten wir und baten um Erkenntnis, wie wir ihr zuleibe rücken könnten. Wir wurden an 2. Könige 20;7 und Jesaja 38;21 erinnert. Darin steht, daß König Hiskia drüsenkrank war und man ihm einen Feigen-Pflaster auflegen sollte. Gelesen – und sofort nachgemacht!

Wir legten täglich einen Feigenbrei auf die Gegend von Manfreds Prostata, ließen ihn ca. zwei Stunden einwirken – nach 4 Wochen war Manfred fast geheilt!!! Unser himmlischer Arzt hatte eingegriffen. Der Krankenversicherung war das Bezahlen einer Operation erspart geblieben – und uns viele problematische Stunden!

Wer mehr über die Feige lesen möchte, kann dieses in dem Büchlein von Sonja Carlsson „Heilkraft aus den Tropen – Feige", Urania, Berlin 2000, tun.

Weitere himmlische Gewächse sind die Datteln und die Mandeln (1. Mose 43;11). Sie schmecken nicht nur gut, sondern wir betrachten sie als ein Geschenk GOTTES für uns. Die Datteln spenden sehr rasch Energie, sie enthalten Vitamin A, Kalzium, Phosphor, Eisen und viele Proteine. Die Mandeln sind reich an Vitamin E, sie schützen die Zellen. Ingeborg ißt von ihnen täglich ca. fünf Stück mit der braunen Schale.

Den Granatapfel liebt Ingeborg ganz besonders! Er wird beschrieben im Hohelied 4;13. Die

Zahl der Samenkörner des Granatapfels ist identisch mit der Zahl der Gebote und Verbote in der Thora, nämlich 613. Zufall? Albert Schweitzer sagte einmal: „Der Zufall ist das Pseudonym, das GOTT sich zugelegt hat, um unerkannt zu bleiben!"

Der Saft und der Samenextrakt des Granatapfels sind wertvolle Quellen von Kalzium, Vitamin C und sekundären Pflanzenstoffen wie Polyphenolen und Flavonoiden. Sie sorgen für ein gesundes Herz- und Kreislaufsystem und schützen vor Krebs. Regelmäßiger Genuß des Saftes kann laut einer wissenschaftlichen Studie schon nach 14 Tagen zu einer Senkung des Blutdruckes um 5% führen. Der gesundheitliche Effekt läßt sich mit einer täglichen Menge von 50ml Saft oder 10ml Konzentrat erreichen. Man kann ihn in der Spirituosenabteilung kaufen, da er dort unter dem

Namen Grenadine für Cocktails verkauft wird. Dann aber leider gesüßt. Ab Herbst bis zum Frühjahr kann man die Granatäpfel aber auch frisch in den Obstregalen finden.

Wichtig zu wissen ist, wie man das Fruchtfleisch essen kann, ohne sich und die ganze Küche zu verunstalten. Achtung! Der Saft hinterläßt nur sehr schwer entfernbare Flecken an Kleidung und Küchengegenständen!! Manfred übernimmt immer mit großer Freude die Reinigung. Er sagt: „Die Küchenarbeit ist wie der Segen des HERRN, niemals endend!"

Als erstes muß man alles ruhig angehen lassen, wenn man sich mit dem Verzehr des Granatapfels beschäftigt. Das ist nicht gerade Ingeborgs Stärke! Nach dem Aufschneiden des Apfels wird er geviertelt, und die Kerne können aus den Teilen herausgebissen werden. Nur die Kerne der Frucht sind eßbar. Man kann den Granatapfel aber auch auspressen. Mangels einer elektrischen Presse kommt bei uns die Zitruspresse zur Anwendung. Mit darübergelegtem Küchenpapier bleibt man beim Auspressen meist von roten Flecken verschont. Es gibt Zeiten, wo uns das ganze Prozedere auf den Keks geht, dann würden wir am liebsten unbekleidet in die Badewanne steigen und dort die Kerne aus dem Granatapfel schlürfen! Ist aber doch nicht die feine Art – also sehe jeder zu, die für sich günstigste Variante zu finden. Auf alle Fälle: Viel Freude und Genuß beim Verzehr!

Rosinen (1. Chronik 12;40) haben die Eigenschaft, morgens nüchtern gegessen, auf die Dauer den Blutdruck zu senken. Nach der Öleinnahme ißt Ingeborg oft 10-15 Stück. Ihr Blutdruck, der sehr schwer zu beeinflussen war, hat sich –

vorrangig durch Gebet, aber auch durch die hier erwähnten Nahrungsmittel – stabilisiert.

Jetzt müssen wir mit unseren Gedanken erst einmal zurück in die 80er Jahre schweifen. Damals lehrte uns im Düsseldorfer JESUS-Haus ein Pastor aus Berlin, das Wort GOTTES zu kauen, zu verdauen, zu verstoffwechseln und zu verinnerlichen. Schon damals bekamen wir durch diese Herangehensweise zum Worte GOTTES einen ganz neuen Bezug! Als wir uns dann später mit den Nahrungsmitteln aus dem Alten Testament beschäftigten, wurden die Erlebnisse der damaligen Zeit wieder ganz groß in uns!

Ja, auch die natürliche Nahrung ist nicht nur einfach etwas zum Essen, sondern jedes Stück ist mit großer Bedeutung für unseren Körper von GOTT geschaffen.

Wir haben immer schon unsere Mahlzeiten mit einem Dankgebet begonnen, doch durch diese neue Sicht auf die Nahrungsmittel aus dem Alten Testament gehen wir mit einer ganz neuen großen Dankbarkeit und Freude ans Essen heran!

Als man Ingeborg früher kategorisch erklärte, daß sie jeden Bissen so oft kauen solle, wie sie Zähne im Mund habe, so sah sie darin keinen Sinn. Heute hingegen wird das Essen nicht mehr herunter geschlungen – nein, nein – Ingeborg erlebt in jedem Bissen die Gegenwart ihres HERRN. ER freut sich darüber, daß wir die Inhaltsstoffe SEINER Produkte erkannt haben, und wir genießen darin auch SEINE Gegenwart. Um diesen Genuß wahrnehmen zu können, spielt auch unsere Umwelt ein Rolle. Jahrelang ließen wir es zu, daß uns Menschen während des Essens anrufen konnten – bis einmal unser Schwiegersohn Michael uns vorhielt, wie sich unsere Speise „im Magen umdreht"!! Seitdem wird während des Essens der Telefonhörer neben den Apparat gelegt – es entstand eine neue Eßqualität!! Danke, lieber Michael!

Betrachten wir nun genauer unsere Ausführungen zum Mittagessen. Jahrzehnte haben wir uns in unserer Berufstätigkeit (Manfred im Streifenwagen bei der Polizei, Ingeborg beim Mittagessen mit Schwerstbehinderten) nur schnell einen Happen zwischen die Zähne geschoben. Dadurch hatten wir es uns abgewöhnt, mittags etwas Warmes zu essen. Ingeborg genießt nun die Lebensmittel, die GOTT uns in 4. Mose 11;5 nennt: Kürbisse, Melonen, Lauch, Zwiebeln, Knoblauch – jedes für sich oder als Salat. Betrachtet man sich die Nahrungsmittel-Tabellen, so erkennt man, daß jedes dieser Gemüse eine besondere Bedeutung für unseren Körper hat. Denken wir auch an die Gemüsesuppe aus Daniel 1;12, worin beschrieben ist, welche Auswirkungen diese Suppe hatte.

Worüber es sich auch lohnt, einmal nachzudenken, ist, daß all unser Obst und Gemüse unterschiedliche herrliche Farben hat – in all diesen Dingen wird GOTTES schöpferische Kraft sichtbar.

Gelbes Obst und Gemüse ist besonders reich an Lutein, das den Körper vor UV-Strahlen schützt. Es hält so die Haut länger jung.

Rotes Obst und Gemüse enthält Phenolsäuren und Flavonoide, die freie Radikale killen und somit vorzeitiges Altern bremsen. Im dunkelroten

Ketchup befindet sich besonders viel Lycopen, das ein Hautschutzstoff ist.

Grünes Obst und Gemüse bekommt die Farbe vom Chlorophyll. Diese Substanz kann Sonnenenergie umsetzen, gibt dem Körper, gerade im Frühjahr, neue Kraft.

Orangenes Obst und Gemüse ist reich an Beta-Carotin (Vorstufe von Vitamin A). Achtung – dieses Gemüse, z.B. Möhren, immer mit etwas Fett essen, weil ansonsten der Körper das Beta-Carotin nicht aufschließen kann.

Blaues Obst und Gemüse bietet durch darin enthaltene Polyphenole Schutz vor Thrombose, Herz- und Kreislauferkrankungen, weil es für fließfähiges Blut sorgt.

Wie anfangs bereits erwähnt, gibt es mittags auch Brot. Zum Hesekiel-Brot sei anzumerken, daß es aus Weizen, Gerste, Bohnen, Linsen, Hirse und Dinkel besteht. Diese Inhaltsstoffe haben besondere Vorteile für uns.

Weizen und Dinkel verhindern das Risiko an Herzerkrankungen, ebenso Gerste, die darüber hinaus den Cholesterinspiegel senken kann. Bohnen und Linsen helfen, die Blutzuckerwerte zu stabilisieren. Hirse und Dinkel beschleunigen Wundheilungen (Gesund mit der Bibel, S. 103)

Am Abend steht dann entweder wieder Brot, Butter, Ziegenmilch und Honig (Sprüche 27;27/ Jesaja 7;15-22) auf dem Speiseplan oder teils warme Alternativen wie: Lammfleisch mit grünen Bohnen und Kartoffeln, Reis mit Fisch und Salat, Nudeln aus Vollkornweizen mit Tomatensoße, oder Kartoffeln mit Quark. Es bleibt der Phantasie jedes einzelnen überlassen, aus all den leckeren Angeboten etwas Herrliches zu kreieren.

Apropos Quark - - - dazu fällt Ingeborg ein Erlebnis ein, weshalb sie heute eigentlich mehr zu Ziegen- und Schafsmilch tendiert. 1954 - lang, lang ist's her - da hatte sie noch in der früheren Heimat in Leipzig, zu dem Zeitpunkt DDR, eine chronische Angina. Nichts half! Da kam doch so ein „Bonzen-Arzt" auf die Idee, Ingeborg ihre tägliche Zuteilung von einem ¼ l Milch zu streichen. Er meinte, Kuhmilch hätte die Eigenschaft, im Körper zur Verschleimung zu führen. Würde man die Zufuhr stoppen, wäre die Angina beseitigt. Antibiotika konnte sie nicht bekommen – die gab's ja nur im „Westen"!!! Ingeborgs erste Reaktion war: Dieser „Kerl" will ja nur meine kleine Ration Milch einem Kumpel zuschustern!! Entsprechend war ihre Wut auf ihn – inzwischen hat sie ihm längst vergeben. Ihr blieb also nichts weiter übrig, sie mußte seinen Rat ausprobieren. Nach einem Jahr konsequenten Durchhaltens stellte sie fest, die Angina war weg!! Natürlich war Ingeborg froh! Als sie dann im „Westen" war, befolgte sie seine Weisung noch ein weiteres Jahr und hatte daraufhin für immer Ruhe. Später las sie verschiedentlich, daß Kuhmilch wirklich zur Verschleimung führen kann, und man sich genau überlegen sollte das berühmte Glas „Milch mit Honig", zu trinken.

Zum Fleisch sei zu sagen, es wurde im Alten Testament nur an Festtagen verzehrt – heute wissen wir, daß ein zu großer Fleisch- und Wurstgenuß sehr schädlich ist.

Ebenso verhält es sich mit dem Zuckerverbrauch, der bei uns von Jahr zu Jahr steigt – leider auch der Diabetes! In der Bibel ist die Rede von Honig – aber auch nur zu den Feiertagen (Sprüche 25;16). Wir sehen in allen Hinweisen der Bibel : Unser GOTT weiß, was gut ist! Folgen wir doch SEINEN Ratschlägen!!

Mit den Fetten verhält es sich ähnlich. Die Bibel spricht eindeutig davon, daß wir Fette meiden sollen (3. Mose 3;17). Wir verwenden nur noch etwas Butter oder sonst Olivenöl.

Viele gute Hinweise zur „Ernährung nach GOTTES Maßstab" findet man auch in der 4. überarbeiteten Auflage des Buches „Alternative Heilmethoden" von Dr. med. Mathias Kropf, der auch viele weitere Bücher über christliche Heilung geschrieben hat. Diese Bücher haben uns schon viel Wissen vermittelt. Sie sind ein wunderbarer „ärztlicher Leitfaden aus biblischer Sicht" - wir sind dankbar für seine Freundschaft; er hat uns viel geholfen!

Was wir hier von uns erzählen, ist nur ein Ausschnitt von GOTTES Vielfältigkeiten bezüglich Ernährung. Wir wollten lediglich einen Anstoß geben, damit sich doch letztendlich jeder selber seine Gedanken darüber machen kann, wie seine richtige Ernährungsweise – göttlich und biblisch geprägt – aussehen könnte. Viele werden sagen, daß dieses alles viel zu kompliziert und aufwendig sei – der Gesundheitsfaktor, der dagegen steht, ist immens!

Dazu gibt es einen interessanten Satz: „Man kann nie wissen, ob man etwas bewältigen kann, bevor man es nicht ausprobiert hat".

Hinzufügen möchten wir noch, daß biblische Kost ohne geistige Nahrung und ohne körperliche Bewegung nur ein Teil des Ganzen ist. Es gehören eben viele Komponenten zu einer göttlich orientieren Lebensweise (Sündenerkenntnis,

Sündenvergebung, etc.) dazu. Wichtig ist, daß wir einfach anfangen – oder auf bereits gepflasterten Wegen vorangehen, damit wir alle als gesunde GOTTESKINDER ein Zeugnis für den HERRN sind und damit beweisen können:

„Die Bibel ist die Gebrauchsanweisung für den Alltag!"

Wir wünschen Euch viel Erfolg mit GOTTES gesunden Gaumenfreuden.

Als Ingeborg mal wieder nachts für unsere Anliegen betete, wurde ihr klar, daß viele Verheißungen, die sie und Manfred im Laufe der Jahre erhalten hatten, noch nicht realisiert waren. Und plötzlich hatte sie die Nase voll!!

Ingeborg wußte, GOTT wacht über SEINEM Wort, aber sie konnte plötzlich nicht mehr an unsere Verheißungen glauben. Sie sagte zum HERRN: „Ich weiß, was DU sagst, stimmt! Ich habe mich sicherlich verhört – ich gebe DIR alle unsere Verheißungen zurück. Ich will damit nichts mehr zu tun haben! Danke – Tschüß!"

Aber - - der HEILIGE GEIST – ER läuft uns nach! Wir haben einen herrlichen Tröster hier auf Erden. Kurz darauf sagte ER zu Ingeborg: „Ruf doch mal die Telefonandacht vom Missionswerk „Der Weg zur Freude" in Karlsruhe an." Ja, dachte sie, das kann man ja eben noch so tun!

Und es war fast unglaublich: Die Stimme vom Band sagte am Telefon: „Du, Gotteskind, halte fest an Deinen Verheißungen – sie haben einen großen Wert!!!" Sie rief gleich mehrmals hintereinander an. Ingeborg konnte es nicht fassen, was der HERR ihr da durch das Missionswerk sagte!

Schnell hatte sie die Wandzettel mit unseren ganzen Verheißungen in der Wohnung wieder aufgehangen und den HERRN gepriesen! Wir raten jedem Einzelnen – es ist so eine Sache mit der Geduld, wir haben meist alle zu wenig davon – an GOTTES Wort festzuhalten – es lohnt sich!!!

Einen passenden Beitrag lieferte dazu eine liebe Freundin:

Gib nie auf!

„Sicherlich haben wir alle schon mal harte Schicksalsschläge hinnehmen müssen. Haben liebe Menschen verloren, die uns nahe standen usw. Dann verstehen wir GOTT in diesen schweren Zeiten nicht und trotz allem sagt das Wort GOTTES, daß ER höhere Gedanken hat als wir. Ja, ER alleine sieht weiter, und wir sehen nur, was vor Augen ist, und der Widersacher, der Teufel will uns in solchen Situationen reinreden - z.B. GOTT straft uns, ER liebt uns nicht, usw. Er ist der Vater der Lüge, und er kommt zuerst in unsere Gedanken. Dann ist es für uns sehr wichtig, daß wir das Wort GOTTES kennen und glauben, was GOTT über uns sagt und denkt. Denn ER hat aus lauter Liebe zu uns SEINEN einzigen Sohn zu uns Menschen gesandt, um uns zu erlösen. SEIN Wort gilt für alle Zeit, unser Part ist es, SEIN Wort zu glauben - GOTT sagt auch an mehreren Stellen in der Bibel: Dein Glaube hat Dir geholfen. Der Sieg liegt in unseren Gedanken. Glauben wir GOTT, was ER über uns sagt, so haben wir den Sieg. Wenn wir dem Feind glauben, verlieren wir und sind frustriert, ärgerlich, wütend usw., es kann sogar bis in die Depression hineinführen. Dann hat der Feind uns genau da, wo er uns haben will. Wir können uns entscheiden, ob wir an den schweren Schicksalsschlägen zerbrechen, oder ob wir glauben, daß GOTT keine Fehler macht, und entschließen uns, nicht an Problemen zu verzweifeln, sondern an ihnen zu wachsen.

Menschen, die nicht aufgeben, suchen nach Lösungswegen. Sie wissen, daß die Frage „Warum" sie nicht weiterbringt. Die Vergangenheit ist vorbei, und man kann da nichts mehr ändern! Deswegen sollten wir nach Lösungen suchen!

Das Wort „Warum" hat viele Menschen gebunden. Wiederkehrende „Warum"-Fragen werden zu schmerzhaften Messerstichen der Vergangenheit. Darüber hinaus sind sie der Hemmschuh auf unserem Weg nach vorne in die Zukunft. Man bekommt nicht immer eine Antwort von GOTT. Wie hilfreich sind demnach die *Fragen*, die wir uns selbst, GOTT und lieben Freunden stellen, denn sie weisen den Weg in die Zukunft.

1. GOTT, wie klettere ich über den Schmerz meiner Vergangenheit?

2. Wie komme ich jetzt weiter mit GOTTES Hilfe?

3. Wie werde ich das Morgen gestalten, in dem ich leben werde?

4. Wie baue ich mit den Steinen, die man mir in den Weg legt, etwas Schönes?

5. Wie saniere ich meinen Betrieb?

6. Wie können wir unsere Ausgaben verringern?

7. Wie kriegen wir den Kahn wieder flott??

Wenn wir Fragen stellen, wird unser Geist auf Lösungswege ausgerichtet. Wer sich immer wieder negativen Gedanken hingibt, wie zum Beispiel: „Ich kann nicht – ich schaffe das nicht" usw., untergräbt seinen Glauben und verliert sein Selbstwertgefühl. Die Summe deines Erfolges setzt sich aus all den Siegen zusammen, die du hattest. Jeder Sieg, den du hattest, basiert auf einem „Nicht aufgeben", dieses wiederum auf einer positiven Glaubenshaltung. Ich glaube, daß GOTT sich über diejenigen freut, die nicht aufgeben, sondern IHM vertrauen. Bau aus den Steinen, die dir im Wege liegen, etwas Sinnvolles. Vergib denen, die dir wehgetan haben.

Die, die sich von ihren Umständen nicht unterkriegen lassen, sie haben das Gesicht dieser Welt zum Positiven verändert und geprägt -

zum Beispiel Martin Luther, der stark unter Druck stand, aber trotz aller Widerstände, die Bibel übersetzt hat.

Auch Martin Luther King war ein Mann, der die Wahrheit liebte und vieles bewirkte, bevor er erschossen wurde. Diese beiden hatten sich entschieden, kein Opfer mehr zu sein, sondern aufzustehen und nach vorne zu schauen. Schmerz in der Vergangenheit ist oft wie ein Schleifstein. Ob er uns zermalmt oder uns poliert, hängt von der Entscheidung ab, die wir mit GOTT treffen können. Du kannst ganz neu anfangen, wichtig ist, daß Du die richtige Entscheidung triffst.

Wir sollten uns ein paar wichtige Fragen stellen:

1. Was erwarte ich von meiner Zukunft?

2. Sollen meine Befürchtungen meine Zukunft beeinflussen?

3. Soll mein Glauben die Zukunft gestalten?

4. Welche Ansprüche werde ich zukünftig an meine Art, zu denken, zu sprechen und zu glauben stellen?

GOTT ist ein GOTT des Trostes, doch wer IHN nicht hat, erlebt nur menschlichen Trost, was im Grunde nur leeres Geschwätz ist und nicht wirklich tröstet. Wenn wir auch durch Tiefen gehen, so ist es aber oft so, daß uns

GOTT gerade darin gebrauchen kann, um anderen wieder zu helfen. Viele solche Dienste sind durch tiefes Leid entstanden!! Wenn wir positiv denken, haben wir die Chance, GOTTES Segnungen zu empfangen. Menschen, die dankbar sind, leben in der Freude, im Glauben, in der Hoffnung und in der Liebe.

Wenn Du Sorgen hast, schleppst Du sie wie einen schweren Sack hinter Dir her. Man soll die Sorgen ablegen und GOTT bitten, daß ER sich darum kümmert. IHM vertrauen, daß ER alles wohltut zu SEINER Zeit. Sind wir bereit, alles zu JESU Füßen zu legen, zu vergeben, das Selbstmitleid, die Trauer, die Sorgen?

Sind wir bereit, wo wir durch tiefes Leid, Trauer und Schmerz gegangen sind, alles loszulassen und uns von GOTT heilen zu lassen, so daß wir anderen in solchen schweren Situationen dienen und helfen können? Denn GOTT sucht solche Diener.

Sind wir bereit, GOTTES Wege zu gehen und nicht aufzugeben, uns nicht vom Schleifstein zermalmen zu lassen, sondern uns polieren zu lassen zu GOTTES Ehre? Laßt uns stille werden und uns vom HEILIGEN GEIST zeigen, was wir loslassen sollen!"

Dieser göttliche Weg führte Ingeborg und Manfred zu dem Thema „Versöhnung". Dabei stellten sie immer wieder fest, daß es in den verschiedenen Ländern ein wichtiges Thema ist,

wie man mit den zwischenmenschlichen Bezie-
hungen, im persönlichen und auch materiellen
Bereich, miteinander umgeht. Wie verarbeitet
man die Vergangenheit? Da kamen „DEUTSCHE"
an und brachten das Evangelium!!!

Bei dieser Überlegung kamen wir automa-
tisch auf den Begriff „Versöhnung". Es wurde
uns bald klar, daß eine menschlich-weltliche
Versöhnung, wie alle Erfahrungen zeigen, früher
oder später scheitert. Man muß sich ehrlich fragen, will man nur eine Versöhnung, die ein paar
Tage bis Jahre anhält, oder möchte man eine im-
merwährende Versöhnung?

Deshalb baten wir den HEILIGEN GEIST, uns
das Wort „Versöhnung" biblisch aufzuschließen
und zu sagen, wie wir dieses Thema mit der Liebe des HERRN ausfüllen können. Die Bibel sagt,

daß die echte Versöhnung allein von GOTT kommt, und daß wir Versöhnung nur erlangen, wenn CHRISTUS, SEIN Sohn, mit uns ist!

Die richtige, echte Versöhnung beginnt bei mir selber und wird dann übertragen auf mein Gegenüber. Ich muß bereit sein, mich selbst mit meinem HERRN JESUS auszusöhnen und IHM das bekennen, was mich vom IHM trennt. Das ist das, was der Mensch mit dem Wort „Sünde" bezeichnet, d.h. wenn ich mich nicht selbst von meinen Verfehlungen meinem Gegenüber freimache, kann ich keine echte Versöhnung erfahren!!

Beispiele der Versöhnung, wie wir sie erlebten:

Eines Tages erhielten wir den Auftrag vom HERRN, nach Mühlhausen, Frankreich, zu einer

Konferenz der *Geschäftsleute des vollen Evangeliums* zu fahren und dort nichts anderes zu tun, als zu „strahlen"!

In unserem Zimmer im Hotel gab es, wie kann es anders sein, nur ein französisches Bett, was besagt, daß es auch nur eine Zudecke gab, die jeder dem anderen bei seinem Umdrehen wegzog!

Am Morgen sagte Ingeborg zu Manfred: „Prima, Du gehst jetzt zur Konferenz - ich schlafe jetzt mit dieser einzigen Decke - die ich jetzt für mich alleine habe – weiter!!" Der HERR sagte zu ihr: „Wozu habe ich Euch nach Mühlhausen geschickt?" Ingeborg kleinlaut zurück: „Zum Strahlen." Der HERR sagte „Also, bitte, geh!!"

Das Resultat aus diesem Gehorsam war, eine Einladung zur südenglischen Konferenz der *Geschäftsleute des vollen Evangeliums* in Portland zu erhalten. Die Besucher aus Portland auf dieser französischen Konferenz waren von unserer Art so begeistert, daß sie uns auch dort mit unserer Botschaft haben wollten.

Grundsätzlich hatte ER zu Manfred schon in Deutschland gesagt, daß das Thema in England, wie in all den anderen Ländern, wo wir gesprochen haben, wie z.B. Polen, Tschechien, Ungarn, Niederlande, Österreich immer wieder „Versöhnung" lauten soll!

Wenn wir hier über diese sprechen, so meinen wir in erster Linie die Versöhnung auf biblischer Grundlage! Eine Anleitung, was das sein könnte, ergibt sich aus 2. Korinther 5;18-21. Hieraus geht hervor, daß echte Versöhnung ein Geschenk GOTTES ist, und es folgt weiter, daß wir auch unsere Versöhnung mit einem Menschen oder einem Volk auch nur geschenkt bekommen können.

Zwei Damen, die extra zu dieser Sonntag-Frühveranstaltung aus London gekommen waren, hatten Manfreds Vortrag gehört, waren tief in ihren Herzen berührt und gaben vor der Versammlung Zeugnis über das, was sie vor gut 50 Jahren in London als Kinder erlebt hatten. Die Häuser, in denen sie wohnten, waren durch die V-Waffen der Deutschen zerstört worden. Durch den Vortrag aufgerüttelt, kamen diese verdrängten Erlebnisse wieder hervor, und sie baten öffentlich um Vergebung ihres Grolls gegen die Deutschen, da sie feststellten, daß dieser noch nicht von ihnen vergeben worden war. Sie gingen erleichtert und fröhlich aus der Veranstaltung nach Hause.

Auf einer Konferenz der *Geschäftsleute des vollen Evangeliums* in Prag wurde uns im Vorhinein von unserem Dolmetscher geraten, den Vortrag abzuwandeln (er hatte ein Manuskript über unsere Ausführungen über Versöhnung erhalten), da die dortigen Brüder ganz andere Gedanken über den Begriff der Versöhnung hätten.

Als wir nun mit unseren Ausführungen auf dieser Konferenz begannen, merkten wir, wie von drei Personen aus diesem Raum erhebliche Widerstände, teilweise mit sehr feindlichen Blicken, und Ablehnung uns entgegenstießen. Aber der HEILIGE GEIST sagte uns, daß wir unseren Vortrag weiter fortführen sollten. Der HEILIGE GEIST hatte unsere Herzen für das tschechische Volk so sehr geöffnet und so bereit gemacht, uns mit ihnen eins zu machen, daß der HEILIGE GEIST ein dreifaches Wunder bewirkte.

Alle drei erhoben sich nach dem Vortrag nacheinander und betonten, daß der Begriff „Versöhnung" für sie einen ganz neuen Inhalt bekommen hätte. Sie haben alle drei den HERRN um Vergebung gebeten und ihre Schuld bekannt. Es ging sogar so weit, daß sie in der Lage waren, uns ihre Versöhnung anzubieten und sich zu entschuldigen für den Widerstand, den sie in ihren Herzen hatten. Wir lagen uns gegenseitig in den Armen. Es folgten viele spontane Einladungen für uns, in ihren Chaptern zu sprechen. Stelle man sich vor, wir hätten den Worten unseres Dolmetschers nachgegeben und hätten nicht über „göttliche" Vergebung gesprochen, sondern über die übliche „weltliche".

Daraus haben wir wieder gelernt, daß man GOTT mehr gehorchen muß als den Menschen! Immer wieder erlebten wir aus diesen Tatsachen heraus, daß es ganz klar war, daß die Versöhnung im Herzen beginnen muß und nicht im Kopf. Sie muß im Herzen gelebt werden und zwar von beiden Seiten. Hören wir doch endlich auf, alles mit dem Kopf tun zu wollen und zu kalkulieren. Wir müssen anfangen, mit dem Herzen zu denken. Aber diese Entfernung vom Kopf zum Herzen - etwa 30 cm - ist scheinbar die längste Entfernung auf der Welt. Sie ist aber sehr leicht zu überbrücken, wenn wir uns zum Grundsatz machen, all das, was wir aus eigenen Kräften nicht vollbringen können, oder es zu schwer erscheint, einem anderen zu überlassen - nämlich dem HEILIGEN GEIST.

Bei diesen Worten müssen wir an ein Ereignis denken, daß sich nach dieser Konferenz auch in Prag ereignet hat. Wir saßen in einer Wohnung mit etwa zehn Geschwistern in einer Gebetsrunde zusammen und dankten dem HERRN für den Ablauf der Nationalkonferenz in Tschechien. Plötzlich stand ein etwa 75jähriger Bruder im HERRN auf, kam quer durch den Raum auf Manfred zu und bat ihn unter Tränen in den Augen um Vergebung für das, was er den Deutschen 1945/46 zugefügt hatte. Manfred war von dieser Äußerung zutiefst berührt, aber auch überrascht. Er fragte ihn, was er ihm überhaupt verzeihen sollte, und da erzählte der Tscheche, daß er einer derjenigen war, der die Deutschen ganz schnell aus seinem Heimatland hinausbeförderte. Er fuhr damals mit seinem LKW sooft wie möglich die „bösen" Deutschen über die Grenze nach Bayern und ging mit ihnen dabei nicht sehr fein um. Außerdem hatte er den Deutschen noch persönlichen Schaden zugefügt, indem er vor ihren Augen Urkunden und Pässe von ihnen vernichtete! Manfred merkte, daß es diesem Mitbruder ein ernstes Anliegen war, von ihm im Namen des deutschen Volkes Versöhnung zu bekommen. Damit wurde dem Mann die Last genommen, die ihn Jahrzehnte unbewußt bedrückte, aber durch unsere Ausführungen wieder gegenwärtig geworden war! Manfred konnte ihm in JESU Namen die Versöhnung zusprechen. Die Freude war ihm an seinen Augen abzulesen, daß er endlich Ruhe gefunden hatte in einer Versöhnung in JESUS CHRISTUS. Aber auch uns berührte diese Versöhnung in GOTT sehr stark, und wir danken immer wieder unserem HERRN, daß wir das erleben durften, was ER tat und auch heute noch tut!

Wir lernten aber auch dadurch, daß eine richtige Versöhnung immer bei einem selber beginnen muß, dann erst übertragen werden kann auf das Gegenüber. Ja, wir wissen, daß es dann keine Grenzen für JESU Macht gibt. Und so dürfen wir im Glauben annehmen, daß ein versöhnliches Herz eine Versöhnung mit GOTT findet. Es kommt einzig allein darauf an, welche Herzenshaltung wir einem ungeliebten Nachbarn oder gar einem früherem Gegner entgegenbringen.

Und eines müssen wir wissen: Wo Versöhnung stattfindet, muß Verdruß, Haß, Bitterkeit aus unserem Innersten verschwinden. Und dann laßt uns, liebe Schwestern und Brüder, nach vorne sehen und zwar nach dem Wort in der Heiligen Schrift – Lukas 9;16: „Wer seine Hand an den Pflug legt und sieht zurück, der ist nicht für das Reich GOTTES geschickt."

Wir dürfen dieser glasklaren Aussage kein „wenn und aber" hinzufügen. Die bittere Wurzel, den tiefen Groll, den der eine oder andere noch in sich trägt, wollen wir dem HERRN bringen und IHN um Vergebung bitten, damit Versöhnung, die im Herzen beginnt, fließen kann.

Was machen wir aber, wenn im grauen Alltag der Feind wieder kommt und uns an alle früheren Gräueltaten erinnern will? Wir dürfen ihm nicht mehr unser Ohr geben, wir müssen mit der Autorität, die uns GOTT gegeben hat, mit aller Intensität sagen: „Feind, weiche von mir, gehe an den Ort der Bestimmung, den JESUS für dich vorbereitet hat."

Als wir auf der Nationalkonferenz der *Geschäftsleute* der Niederlande über Versöhnung sprachen, öffnete der HEILIGE GEIST den Kindern von Betroffenen aus den Kriegsjahren die Herzen. Sie hatten immer noch, nach fast 50 Jahren, tiefen Groll gegen das deutsche Volk aufgrund der Lebensberichte ihrer Eltern.

Man muß sich vorstellen, daß der Kontakt zwischen dem deutschen Volk und dem niederländischen Volk sehr eng ist, daß tausende Deutsche seit Jahrzehnten in Holland Urlaub machen, rege Geschäftsverbindungen herrschen und der tägliche Handel sehr lebhaft ist - - und trotzdem dieser Groll im Herzen noch da war.

Der HEILIGE GEIST deckte es auf, und so konnte zwischen ihnen und uns göttliche Versöhnung – die im Herzen abläuft – mit vielen, vielen Tränen gefeiert werden - - nach über 50 Jahren!!!

Mit einem umfassenderen Auftrag schickte uns der HERR nach Småland in Schweden. Unsere Tochter Claudia und unser Schwiegersohn hatten beide u.a. Skandinavistik in Köln studiert, und wer sich einmal mit diesem „Schweden-Virus" angesteckt hat, für den ist es auch klar, daß er in Schweden ein kleines Holzhaus besitzen muß, und bald besaßen sie in Kosta ein solches, wo wir sie dann öfter besuchen durften! Nicht genug damit - der HERR wollte uns dort oben haben - und kurze Zeit später zeigte ER uns ein Haus, das wir kauften. Wir zogen mit Sack und Pack nach Kosta.

Nun stellte sich die Frage für uns, was sollen wir dort??

Klare Antwort vom HERRN: B E T E N !!

So blieben wir viele Jahre im Norden, lernten Land, Leute und Geschwister im HERRN kennen. Wir fühlten uns rundum wohl, waren in IHM geborgen und dachten, daß wir immer dort bleiben würden!!

Aber - - wir beteten auch täglich: „HERR, Dein Wille geschehe!" Und dieser sah anders aus!!! Das erfuhren wir aber erst Jahre später.

Inzwischen erlebten wir den Mega-Orkan „Gudrun" in Schweden vom 8.1. – 9.1.2005.

Samstag, 8. Januar 2005: Der Sturm begann am Nachmittag stärker zu werden. Das Licht flackerte schon, bis der Strom in Kosta um 19.15 Uhr total ausfiel. Die Nacht war sooo schwarz, daß wir unser Nebenhaus (10m entfernt) nicht mehr wahrnehmen konnten! Der Orkan wütete immer stärker. In Abständen von 35 Sekunden donnerte eine Böe nach der anderen gegen unser Haus. Es blieb kaum Zeit, Luft zu holen, da kam schon der nächste Donnerschlag - - - und das 11 Stunden und 30 Minuten lang! Dann hörte dieses schreckliche Rauschen und Brausen schlagartig auf.

Es war der schwerste Orkan seit 100 Jahren. Am schlimmsten traf es Südschweden. 410.000 Haushaltungen waren ohne Strom. In der Nacht begann das Drama, nicht mehr telefonieren zu können, auch die Handies taten es nicht mehr!! Wir waren total von der Außenwelt abgeschnitten. Für die kommenden 70 Stunden (beim Telefon waren es 84 Stunden) gab es kein Licht, keine Heizung, zum Teil kein Wasser (da die Pumpen elektrisch betrieben werden), alle Geschäfte waren geschlossen, ebenso die Tankstellen, Banken und Bankautomaten! Die Inhalte der Tiefkühltruhen landeten auf dem Müll. Die Hauptzugverbindung von Kopenhagen nach Kalmar sollte mehr als fünf Wochen bis zur Wiederinbetriebnahme benötigen.

Wir wärmten uns durch 11 auf dem Couchtisch stehende Kerzen, besaßen einen Kartuschen-Gaskocher und hatten früher schon Instantsuppen eingekauft, so daß wir immer etwas Warmes zu trinken hatten.

Am Sonntag, dem 9. Januar, mittags wagten wir uns auf die Straße, nachdem wir die Nacht in voller Kleidung auf dem Bett verbracht hatten. 500 Meter entfernt sah man schon das Ergebnis dieses Infernos: alle Bäume umgeworfen. In 1km Entfernung von uns hatten die umgestürzten Bäume die Fahrbahn zugeschüttet. Nichts ging mehr! Menschen versuchten, umgestürzte Bäume von den Straßen zu ziehen, doch oft mußten sie um ihr Leben rennen, weil sie sonst von anderen nachstürzenden Bäumen erwischt worden wären. Auch zwei Wochen nach diesem Drama konnten wir Bäume schwanken sehen. Wann werden sie kippen? Wohin? Jetzt kann man nicht mehr sagen mit Jesaja 44;23: „Es frohlocken mit Jauchzen der Wald und die Bäume"!!

Eine Familie war im Auto unterwegs, wollte sich das Chaos betrachten. Der Vater stieg aus, um zu fotografieren, in diesem Moment fiel ein Baum direkt auf ihn drauf – er war sofort tot. Die Familie erlebte dieses Drama aus nächster Nähe mit.

Wir brauchen nicht in andere Länder zu schauen. Jeder hat <u>seinen</u> „Sturm", im Herzen, in der Familie, im Beruf!!

Busreisende sind aus einem eingekeilten Bus befreit worden, nachdem sie 12 Stunden in der Nacht bei Kälte ausharren mußten. In dieser Zeit fielen acht Bäume auf diesen Bus. „Nur" eine Frau hat sich dabei den Arm gebrochen – ist das nicht ein Wunder?

Wir waren fassungslos über die Brutalität dieses Mega-Orkans. Mehrere Millionen Bäume fielen ihm zum Opfer. Es wird eine ganze Generation dauern, bis der Wald wieder aufgeforstet ist. Aber nicht nur Bäume bewegte der Sturm. So verschob er zum Beispiel eine mit Streusand gefüllte große Metallkiste um zirka fünf Meter!

Uns kamen Bilder aus den Bombennächten vor Augen. Vor allem dieses schreckliche Rauschen erinnerte Ingeborg an herniederfallende Bombenminen. Eine Schwedin erzählte im Fernsehen, daß neben ihrem Haus eine Eiche entwurzelt wurde – sie hatten es nicht wahrgenommen, weil der tosende Sturm alles übertönt hatte. Das ganze Ausmaß dieser Naturkatastrophe kann man u.a. daran festmachen, daß auch 12 Tage später noch ca. 40.000 Haushaltungen ohne Strom und zum Teil ohne Wasser waren, das alles bei Außentemperaturen von minus 7

Grad! Obwohl über 1.800 Fachleute aus Norwegen und Deutschland eingeflogen wurden, konnte man nicht sagen, wie lange dieser Zustand noch anhalten würde.

Welche Konsequenzen können wir nun, aus diesem Erlebten heraus, für eine Notsituation empfehlen? Ganz praktisch und wichtig: die Anschaffung einer Notration. Pro Person 15 Liter Sprudel o.ä., mehrere Pakete Knäckebrot, Instantsuppen, einen Gaskocher, Taschenlampen mit Batterien, Kerzen und Streichhölzer, batteriebetriebenes Weltempfängerradio, Lobpreislieder auf einem Medium, daß mit Akku oder Batterien betrieben wird.

Und was gibt es geistig zu empfehlen? Laßt uns unser Leben so in Ordnung bringen, daß wir jederzeit fest in JESUS CHRISTUS verankert sind, dann kann um uns herum geschehen, was auch alles prophezeit sein mag – kein Sturm kann uns dann entwurzeln, weil wir Halt im HERRN haben!!!

Ein Orkan – wirklich nur ein Orkan?

Der HERR hat uns beauftragt, Euch folgende Erlebnisse von uns mitzuteilen, da ER sehr besorgt ist um SEINE Kinder. ER möchte nicht, daß wir alle von dem, was alles in Zukunft noch zusammenbrechen kann, überrascht sind. In Zeit von Unruhe, Chaos und Zerwürfnissen möchte der HERR, daß wir tief in IHM verwurzelt sind. Jeder hat seine Probleme – doch eines gilt für uns alle:

JESUS CHRISTUS muß für uns in jeder Sekunde unseres Lebens „das Licht der Welt" sein, sonst werden wir von den kommenden Ereignissen zerdrückt! Wir wollen mit dem, was wir erzählen, nicht unken, nicht mit erhobenem Zeigefinger dastehen, sondern aus unserer Sorge heraus, es könnte auch Euch treffen, warnen.

Als der Orkan am besagten Samstag immer mehr zu wüten begann, soll keiner glauben, während dieser Situation hätten wir den Helden gespielt. Anfangs konnten wir noch beten, gebieten und setzten göttliche Worte der Autorität gegen den unsagbaren Sturm ein - - - doch dann verließen uns die Kräfte. Angst kroch in uns hoch, wir konnten nur noch „JESUS" schreien! Als wir den Eindruck hatten, total zu versagen, versuchte Ingeborg, Bibelsprüche laut zu proklamieren. Wir müssen Euch gestehen: Uns fielen die Worte nicht mehr ein, die wir so oft auswendig gesprochen hatte! Aus Sicherheitsgründen hatten wir später alle Kerzen zum Wärmen und Lesen gelöscht. Wäre eine Fensterscheibe zerbrochen, hätte es sofort brennen können. Und wie bereits zu lesen war, gab es keine Telefonverbindung mehr, um die Feuerwehr zu rufen.

Plötzlich, nach 11,5 Stunden, schwieg der Orkan! Als wir uns dann am Sonntag mittag in Kosta umschauten – die „Fakten" dazu sind in entsprechendem Abschnitt zu finden - taten wir auf Schritt und Tritt Buße! Dieses Dorf war verschont geblieben. Ja, wie sehr hatte der HERR die Menschen bewahrt und unsere Gebete erhört. Oh, Dank, Dank, Dank sei IHM!

Doch einige hundert Meter entfernt von uns, da lagen die Bäume im Wald und auf den Straßen umgestürzt. Sie lagen übereinander, kreuz und quer!! Es war uns so bedrückend ums Herz, warum bloß?

Als wir uns eine Woche später in die weitere Umgebung wagten, bekam Ingeborg plötzlich den Eindruck, daß diese entwurzelten Bäume für „entwurzelte Leben" - Menschenleben –

standen. Sie sah, wie JESUS weinte, ihr ging es nicht anders, aber dadurch konnten wir unsere Bedrückung anders einordnen!

Ja, die Menschen sind total entwurzelt. Ja, sie liegen – wie die Bäume – durcheinander/aufeinander!! Aber, auf diese Weise bekommt man eine neue Sichtweise, für verlorene Seelen zu beten. In allen Kämpfen ist es auch sehr wichtig, daß wir uns gegenseitig stützen, besonders da, wo wir vielleicht gerade einmal nicht mehr so in JESUS verwurzelt sind. Unser tägliches Leben, daß wir total auf den HERRN ausgerichtet haben sollten, bewirkt, daß wir tiefe Wurzeln bekommen, so daß uns keine Katastrophe umhauen kann. Soeben sagte mir eine liebe Mitschwester: „Laßt uns ganz festhalten im HERRN, daß uns nichts von IHM wegreißen kann".

Besonders wichtig ist es auch, mit prakti-
schen Dingen versorgt zu sein. So können wir
unseren Nachbarn eine „warme Stube" zur Ver-
fügung stellen, eine Tasse heißen Kaffee anbie-
ten, und ihnen auch auf diese Weise die Liebe
GOTTES, das Evangelium, bringen.

Wir müssen nicht alles hinterfragen, sondern
wir müssen aufpassen, daß wir da, wo wir im
HERRN stehen, nicht fallen. Laßt uns also zu jeder Zeit „wachen und beten" (Matthäus 26;41),
um immer wieder neu tief im HERRN verwurzelt
zu bleiben!

Das Ende unserer schwedischen Zeit wurde
sehr plötzlich eingeläutet. Manfreds Prostata
hatte sich schlagartig vergrößert, Hilfe gab es
erst in 50 km Entfernung! Nachts im Februar

durch die Wälder zu fahren, ist unkalkulierbar - Glatteis, Sturm, Tiere!

Wir wußten, nachdem wir in dieser Nacht wieder heil in Kosta gelandet waren - hier ist ein Fingerzeig GOTTES, daß sich an unserem Wohn-ort etwas ändern wird! Hals über Kopf fuhren wir nach Köln, wo wir noch eine Minibleibe hat-ten - doch nun lagen wir unserem HERRN per-manent in den Ohren und fragten IHN, wohin sollen wir denn nun ziehen????

Ganz klar sagte ER uns: „Geht in die Stadt, die eine ICE-Station hat und die nach Lübeck die erste Station ist!! Es war Oldenburg in Holstein! ER sagte uns auch später, warum gerade dieser Ort: Zum einen geht es hier in Oldenburg wieder ums Gebet, andererseits können wir mit dem Zug Schweden in wenigen Stunden erreichen, sind aber auch im Rheinland in sechs Stunden! Ja, sooo ist unser HERR zu uns -ER kennt uns ja sooo gut, ER läßt uns die Liebe zu den schwedischen Menschen, aber auch unsere ehemaligen Heimat im Rheinland! Toll! ER gab uns hier in Oldenburg eine „himmlische" süße, kleine Wohnung. Unser Haus mit einer Gesamtfläche von 170 m² wurde von unseren Kindern geräumt, das einzige Problem war, daß wir in unserer 65 qm großen, neuen Wohnung zu wenig Platz hatten - aber ER hat uns gezeigt, was wir wegwerfen müssen!! Und so konnten wir Raum schaffen für unseren Geist und unsere körperliche Freiheit.

Wir starteten mal wieder auf ein Neues und wurden zu mehreren Veranstaltungen der *Christen im Beruf* im Norden als Sprecher eingeladen. Dort konnten wir vielen Menschen Wegweiser im Reiche GOTTES sein, aber besonderen Wert legte unser himmlischer Vater auf eine weitere Entwicklung von uns! ER lehrte uns, in die göttliche Ruhe zu kommen, IHN nicht ständig um weltliche Dinge zu bitten, sondern durch Phasen der Ruhe in SEINE Gegenwert zu kommen - wo auch ER mal Gelegenheit findet, uns SEINE Wünsche mitzuteilen. Und so haben wir es uns angewöhnt, meistens morgens von 8-9 Uhr, IHM zu danken für SEINE Gegenwart und zu hören, was ER uns sagen möchte!

Nun kommt aber das Schwerste hinterher! Das, was wir hören, muß in die Tat umgesetzt werden, ob wir es begreifen oder nicht!

Nun ein sehr lebendiges Beispiel: Wir hatten neulich an einem Abend, an dem wir, nach dem Verteilen einiger Bibeln, nach Hause wollten, den Eindruck, daß der HERR sagte, wir sollten in unseren Supermarkt fahren! Hm - was sollten wir denn da abends noch? Aber, wir fuhren doch dorthin! Wir nahmen einen großen Einkaufswagen - - vielleicht sollten wir etwas geschenkt bekommen??

Wir gingen mit offenen Augen und Ohren durch den Supermarkt, ohne etwas in unseren Einkaufswagen zu legen. Vorbei an den verschiedenen Abteilungen, bis wir zu einem Stand kamen, wo die Verkäuferin uns schon entgegenrief: „Endlich sind Sie da, ich habe schon sooo lange auf Sie gewartet - Sie haben mir schon mal so toll geholfen, nun geht es mir wieder es schlecht, bitte, beten Sie für mich!" Ingeborg schlotterten die Knie, dieses Erlebnis war heftig!

Wie wäre es ausgegangen, wenn wir gegenüber GOTTES Anweisung nicht gehorsam gewesen wären? Wir müssen erst einmal nicht alles verstehen - aber doch im Glauben handeln!

Aber es stellt sich immer wieder die Frage „Nehmen wir uns genug Zeit für GOTT?" Dazu machte sich unsere Freundin intensive Gedanken, die wir hier weitergeben wollen:

„Wie sieht es bei uns aus? Ist alles andere wichtiger? Stellen wir GOTT an die zweite oder dritte Stelle?

Ich glaube, wir schaden uns selber und merken erst im Nachhinein, was uns fehlt - seine Kraft, seine Liebe, seine Wegweisung usw. Das Wort GOTTES sagt uns ganz deutlich: Kommt in MEINE Ruhe, ICH will euch begegnen. In Jesaja 30;15 heißt es: „Durch Umkehr und durch Ruhe werdet Ihr gerettet. Im Stillsein und im Vertrauen ist Eure Stärke. Aber Ihr habt nicht gewollt."

Haben wir erst Gemeinschaft mit GOTT, wenn wir IHN brauchen?

Wir müssen erkennen, daß die Stille mit GOTT für uns ein Geschenk ist, denn GOTT ist ein gebender GOTT, der auch gerne gibt. JESUS ging auch in die Stille, sogar 40 Tage in die Wüste, ER hat dort die Kraft bekommen, um der Versuchung des Teufels zu widerstehen. JESUS zog sich immer wieder zurück, um mit seinem Vater alleine zu sein, um neue Kraft zu schöpfen.

Wir lassen uns vom Zeitgeist so manipulieren, daß es erschreckend ist, und der Feind freut sich, denn sein Trick ist doch, uns ständig zu beschäftigen, um nur gar nicht über GOTTES Wort nachzudenken, geschweige denn, mit IHM Zwiesprache zu halten.

Die Zeiten mit GOTT sind so wertvoll, denn die Zeit, die Du und ich in der Stille verbringen, sind die Zeiten, in dem GOTTES Wort in unser Herz hineinfließen kann, um uns zu ermutigen, zu erfrischen, zu beleben, Weisheit und Kraft zu geben, und auch uns zu verändern - zu SEINER Ehre! Wir brauchen diese Zeit mit GOTT, um etwas von IHM zu empfangen, damit wir effektiver geben können, sogar im Gebet.

Satan will alles verhindern - in Hiob 13;12 heißt es: „Eure Denksprüche sind Aschensprüche, eure Bollwerke werden wie Lehmhaufen sein." Satan versucht uns auch, er träufelt uns Egoismus ein. Er sagt uns nicht die Folgen, wenn wir seinen Köder schlucken. Wir ernten, was wir säen. Wer GOTT aufrichtig im Gebet und in der Stille sucht, den belohnt GOTT auch. Wer auf GOTTES Wort vertraut, hört auf sein Wort, und tut, was GOTT sagt, denn Treue äußert sich im Gehorsam. Beschränke Dich nicht darauf, den Anweisungen zu glauben, sondern achte SEIN Wort zu jeder Zeit.

Die, die ein Haus auf Felsen bauen, sind diejenigen, die SEIN Wort hören und das Gehörte tun! Die Ruth in der Bibel wurde von GOTT belohnt, weil sie gehorsam war. Sie bekam einen Mann, der sehr reich war und auch Esther war gehorsam, wurde sogar Königin. Beide Frauen haben selbstlos gehandelt und gaben auch nicht auf.

So, wie die Sonnenblume nach oben schaut, so sollen wir auch auf JESUS schauen, so werden wir verwandelt in sein Ebenbild.

Was schauen wir uns den ganzen Tag an? Der Satan hemmt alle Menschen, die oberflächlich sind. Aber gerade den Oberflächlichen stellt der

Feind eine Falle, weil sie nicht in JESUS CHRIS-
TUS verwurzelt sind. Wir müssen stark in GOT-
TES Verbindung sein, gebt dem Feind keinen
Raum! Schenkt JESUS die Zeit und seid gehor-
sam, und so werdet Ihr Sieg haben!

Sind wir bereit, uns abzusondern für GOTT?
Sind wir bereit, die Kosten zu zahlen, ein heili-
ges und wohlgefälliges Leben in GOTT zu führen? Was sind bei uns die Hindernisse, nicht so
in die Stille zu kommen? Ist es der Stolz? Das eigene Ich? Mein Hobby? Meine Angst? Meine
Fernsehsucht? Meine Arbeit?

Laßt uns stille werden und uns vom HEILI-
GEN GEIST zeigen, was wir loslassen sollen!!!"

Alle Beispiele, von denen wir erzählten, und
die wir erleben durften, stärkten uns für unseren weiteren Weg. Wir werden nach wie vor

durch die Welt ziehen und offen sein für das, was GOTT durch uns tun will. Ja, dieses Leben lohnt sich, zu leben - wir sind Bürger des Himmels, der unsere Heimat ist!

Alles, was ER an uns getan hat, geschah zu SEINER Verherrlichung. Wir sind SEIN Sprachrohr. IHM allein gebührt Lob, Preis und Ehre.

Und wir rufen auf, sich diesem Leben anzuschließen - JESUS schon hier auf Erden zu begegnen ist superspitzenmäßig! Es gibt nichts Besseres!!

Nicht sterben,

sondern leben mit JESUS!

-

Von Sorge, Angst und

Hoffnungslosigkeit in einem

Leben o h n e JESUS

-

hin zu Stabilität, Freude,

innerem Frieden

m i t JESUS!

Zeitfracht Medien GmbH
Ferdinand-Jühlke-Straße 7
99095 Erfurt, Deutschland
produktsicherheit@kolibri360.de